# MÉTHODE INGÉNIEUSE

ou

# ALPHABET

SYLLABIQUE FRANÇAIS.

**NOUVELLE ÉDITION,**

AUGMENTÉE

*de plusieurs Tableaux de Syllabes, dont la connaissance hâtera les progrès.*

PERPIGNAN.

IMPRIMERIE DE J.-B. ALZINE,

Rue des Trois-Rois, 1.

1860.

## CONSONNES

EN DIFFÉRENTS CARACTÈRES,

avec leur dénomination.

| Romain. | Italique. | Capitales. | Prononciation. |
|---|---|---|---|
| b | *b* | B | be |
| c | *c* | C | ce que |
| d | *d* | D | de |
| f | *f* | F | fe |
| g | *g* | G | ge gue |
| h | *h* | H | he |
| j | *j* | J | je |
| k | *k* | K | ke |
| l | *l* | L | le |
| m | *m* | M | me |
| n | *n* | N | ne |
| p | *p* | P | pe |
| q | *q* | Q | que |
| r | *r* | R | re |
| s | *s* | S | se ze |
| t | *t* | T | te si |
| v | *v* | V | ve |
| x | *x* | X | kse gze |
| z | *z* | Z | ze |

## Lettres Minuscules Romaines.

a b c d e f g h i
j k l m n o p q r s t
u v x y z.

## Lettres Minuscules Italiques.

*a b c d e f g h i j k l
m n o p q r s t u v x
y z.*

## Lettres Majuscules.

A B C D E F G H I J K L M N O P
Q R S T U V X Y Z
*A B C D E F G H I J K L M N O P
Q R S T U V X Y Z.*

*Voyelles.*

a e i *ou* y o u.

*Consonnes.*

b c d f g h j k l m n p q r s
t v x z.

*Diphthongues.*

æ œ ai au ei eu ay.

*Lettres doubles.*

ff fi fl ffi ffl w.

| | |
|---|---|
| *Les voyelles simples.* | a e i *ou* y o u. |
| Idem, *Circonflexes.* | â ê î ô û. |
| Idem, *Aiguës.* . . . | á é í ó ú. |
| Idem, *Graves.* . . . | à è ì ò ù. |
| Idem, *Tréma* . . . . | ä ë ï ü. |
| *Ponctuations.* . . . | . , ; : ? ! |

## SYLLABES.

### Premier Tableau.

| Ba | be | bé | bè | bi | bo | bu |
| ca | ce | cé | cè | ci | co | cu |
| da | de | dé | dè | di | do | du |
| fa | fe | fé | fè | fi | fo | fu |
| ga | ge | gé | gè | gi | go | gu |
| ha | he | hé | hè | hi | ho | hu |
| ja | je | jé | jè | ji | jo | ju |
| la | le | lé | lè | li | lo | lu |
| ma | me | mé | mè | mi | mo | mu |
| na | ne | né | nè | ni | no | nu |
| pa | pe | pé | pè | pi | po | pu |
| qua | que | qué | què | qui | quo | quu |
| ra | re | ré | rè | ri | ro | ru |
| sa | se | sé | sè | si | so | su |
| ta | te | té | tè | ti | to | tu |
| va | ve | vé | vè | vi | vo | vu |
| xa | xe | xé | xè | xi | xo | xu |
| za | ze | zé | zè | zi | zo | zu |

## *Deuxième Tableau.*

| Ab | eb | éb | èb | ib | ob | ub |
|----|----|----|----|----|----|----|
| ac | ec | éc | èc | ic | oc | uc |
| ad | ed | éd | èd | id | od | ud |
| af | ef | éf | èf | if | of | uf |
| ag | eg | ég | èg | ig | og | ug |
| al | el | él | èl | il | ol | ul |
| am | em | ém | èm | im | om | um |
| an | en | én | èn | in | on | un |
| ap | ep | ép | èp | ip | op | up |
| aq | eq | éq | èq | iq | oq | uq |
| ar | er | ér | èr | ir | or | ur |
| as | es | és | ès | is | os | us |
| at | et | ét | èt | it | ot | ut |
| av | ev | év | èv | iv | ov | uv |
| ax | ex | éx | èx | ix | ox | ux |
| az | ez | éz | èz | iz | oz | uz |

## Troisième Tableau.

| | | | | |
|---|---|---|---|---|
| Bla | ble | bli | blo | blu |
| bra | bre | bri | bro | bru |
| cha | che | chi | cho | chu |
| chra | chre | chri | chro | chru |
| cla | cle | cli | clo | clu |
| cra | cre | cri | cro | cru |
| dra | dre | dri | dro | dru |
| fla | fle | fli | flo | flu |
| fra | fre | fri | fro | fru |
| phra | phre | phri | | |
| pha | phe | phi | pho | phu |
| phla | phle | phli | phlo | phlu |
| gla | gle | gli | glo | glu |
| gna | gne | gni | gno | gnu |
| gra | gre | gri | gro | gru |
| pla | ple | pli | plo | plu |
| pra | pre | pri | pro | pru |
| rha | rhe | rhi | rho | rhu |
| sça | sce | sci | | |
| sca | | | sco | scu |
| spa | spe | spi | spo | spu |
| sta | ste | sti | sto | stu |
| tha | the | thi | tho | thu |
| thra | thre | thri | thro | |
| tra | tre | tri | tro | tru |
| vra | vre | vri | vro | |

## Quatrième Tableau.

*Mots composés de voyelles unies à d'autres voyelles, formant avec les consonnes des sons infiniment variés.*

Bail bain beau beaux bœuf bœufs bien biais bouc boue bois bourg bout bruit buis.

Cap Caen Caux ceux ceint ciel cieux claie clair clou cloux Cloud chair chaud chaux chœur cœur chien chou choux choix choir chois coin coing cou coup coût cour cours court craie craint creux croix crois crue cuir cuit.

Daim dais deux deuil Dieu dieux dois doit doigts d'où doux dos donc droit drue Dreux.

Faut faux faim fait faits faix faon feu feux feint fier fleur foi foie Foix fois foin fouet foux frais frein froid fruit fuis fut.

Gai gain geai gué guet gueux goût grain grais grue grouin.

Haie hait haut heur hier hou-e heurt houx huit huis Hull.

J'ai j'aie Jean jeu jeux joie jou-et jou-ets jou-er joue jou-eur joug jour jours juif juifs Juin.

Laïc laid l'air laie l'aux Leu leur leurs li-en li-ent lieu lieux lieue lois loin lou-e lou-ent lou-é Lou-is loup loups lourd lui.

Mai mail main mains Maur maux Meaux mien mieux meus meut meurs meurt mœurs mien mie miel moi moins mois moue mou mu-et muid muids mur.

Nain nœud nœuds neuf ni-e ni-ais No-ël noir noix nou-eux nous nord nuit nue nu-ée.

Pain paîs paît paix pa-ys pai-e pair paon Paul peau peur peu peux peut peint pie pied pieds pi-eux plaie plais plaît plains plaint plein plie pli-ent pleurs pleut pluie poids pois poix point poing poil poils poulx pri-ent proie proue puits pue put.

Quai quart quand quant quel queu-e qu'eux qu'il quoi quint qu'on qu'un quêt qui-a.

Raie reins Reims rien roi rot rou-e roux Rou-en rou-et rou-er.

Saie sais sain saint sait sauf saut sceau sceaux sein seing sœur saoul seul seuil sci-e sci-ent sien soi soie soin soir sois soit soient soif sourds sou suie suif suis suit.

Taie taux tiens teint tien tiens tient tiers tout tous toux toit tôt train trait traits trois Troie tour Tours trou trou-é trou-e trou-er.

Vaut veau veaux vain vair vœu vœux veut vi-e vieil vieux viens vient voie voix voir vois voit voient vrai vu-e vu-es yeux.

## OBSERVATION.

*Il est essentiel d'arrêter long-temps les élèves sur les tableaux précédents : un exercice long et soutenu sur ces principes assurera un succès prompt dans la lecture.*

# L'O-RAI-SON DO-MI-NI-CA-LE.

No-tre : Pè-re : qui : ê-tes : aux cieux, : que : vo-tre : nom : soit sanc-ti-fi-é, : que : vo-tre : rè-gne ar-ri-ve; : que : vo-tre : vo-lon-té soit : fai-te : en : la : ter-re : com-me au : ciel; : don-nez-nous : au-jour-d'hui : no-tre : pain : quo-ti-dien, et : par-don-nez-nous : nos : of-fen-ses : com-me : nous : les : par-don-nons : à : tous : ceux : qui : nous ont : of-fen-sés, : et : ne : nous lais-sez : point : suc-com-ber : à : la ten-ta-tion, : mais : dé-li-vrez-nous du : mal. : Ain-si : soit-il.

*La : Sa-lu-ta-tion : An-gé-li-que.*

Je : vous : sa-lu-e, : Ma-ri-e : plei-ne : de : grâ-ces, : le : Sei-gneur est : a-vec : vous; : vous : ê-tes bé-ni-e : en-tre : tou-tes : les : femmes, : et : bé-ni : est : Jé-sus, : le fruit : de : vo-tre : ven-tre. : Sain-te Ma-ri-e, : Mè-re : de : Dieu : pri-ez pour : nous, : qui : som-mes : pé-cheurs, : main-te-nant : et : à : l'heu-re : de : no-tre : mort. Ain-si : soit-il.

*Le : Sym-bo-le : des : A-pô-tres.*

Je : crois : en : Dieu : le : Pè-re tout-puis-sant, : le : Cré-a-teur du : ciel : et : de : la : ter-re, : et en : Jé-sus-Christ : son : fils : u-ni-que, : no-tre : Sei-gneur, : qui : a é-té : con-çu : du : Saint-Es-prit ; qui : est : né : de : la Vier-ge : Ma-ri-e, : qui : a : souf-fert : sous : Pon-ce : Pi-la-te, : qui : a : é-té : cru-ci-fi-é, est : mort : et : a : é-té : en-se-ve-li, qui : est : des-cen-du : aux : en-fers, est : res-sus-ci-té : des : morts : le troi-siè-me : jour, : qui : est : mon-té aux : cieux ; : est : as-sis : à : la droi-te : de : Dieu : le : Pè-re : tout-puis-sant, : et : qui : de : là : vien-dra : ju-ger : les : vi-vants : et : les morts.

Je : crois : au : Saint-Es-prit, : à la : sain-te : é-gli-se : ca-tho-li-que, la : com-mu-nion : des : saints, : la ré-mis-sion : des : pé-chés, : la : ré-sur-rec-tion : de : la : chair, : la vi-e : é-ter-nel-le. : Ain-si : soit-il.

*La : Con-fes-sion : des : Pé-chés.*

Je : me : con-fes-se : à : Dieu tout-puis-sant : et : à : la : bien-heu-reu-se : Ma-ri-e : tou-jours : vier-ge, à : Saint : Mi-chel : Ar-chan-ge, : à Saint : Jean-Bap-tis-te, : aux : A-pô-tres : Saint : Pier-re : et : Saint Paul, : à : tous : les : saints : et : à vous : mon : Pè-re, : par-ce : que j'ai : pé-ché : par : pen-sé-es : par pa-ro-les : et : par : ac-tions. : C'est par : ma : fau-te, : je : m'en : sens cou-pa-ble, : je : m'en : re-con-nais très : cou-pa-ble. : C'est : pour-quoi je : sup-pli-e : la : bien-heu-reu-se Ma-ri-e : tou-jours : vier-ge, : Saint Mi-chel : Ar-chan-ge, : Saint : Jean-Bap-tis-te, : les : A-pô-tres : Saint Pier-re : et : Saint : Paul, : tous les : Saints : et : vous : mon : pè-re, : de : pri-er : pour : moi : no-tre : Sei-gneur : et : no-tre : Dieu.

Ain-si : soit-il.

Que : le : Dieu : tout-puis-sant nous : fas-se : mi-sé-ri-cor-de ; qu'il : nous : par-don-ne : nos : pé-chés : et : nous : con-dui-se : à : la vi-e : é-ter-nel-le. : Ain-si : soit-il.

Que : le : Sei-gneur : tout-puis-sant : et : mi-sé-ri-cor-dieux : nous don-ne : in-dul-gen-ce, : ab-so-lu-tion : et : ré-mis-sion : de : tous nos : pé-chés. : Ain-si : soit-il.

2*

*Bé-né-dic-tion : a-vant : le : re-pas.*

Sei-gneur, : bé-nis-sez-nous : a-vec la : nour-ri-tu-re : que : nous : al-lons : pren-dre. : Au : nom : du Pè-re : et : du : Fils : et : du : Saint-Es-prit. : Ain-si : soit-il.

*Ac-tions : de : grâ-ces : a-près le : re-pas.*

Nous : vous : ren-dons : grâ-ces de : tous : vos : bien-faits, : ô : roi, Dieu : tout-puis-sant, : qui : vi-vez et : ré-gnez : dans : tous : les : siè-cles : des : siè-cles. : Ain-si : soit-il.

*Com-man-de-ments : de : Dieu.*

1. Un : seul : Dieu : tu : a-do-re-ras,
 Et : ai-me-ras : par-fai-te-ment.
2. Dieu : en : vain : tu : ne : ju-re-ras,
 Ni : au-tre : cho-se : pa-reil-le-ment.

3. Les : Di-man-ches : tu : gar-de-ras,
En : ser-vant : Dieu : dé-vo-te-ment.

4. Pè-re : et : mè-re : ho-no-re-ras,
Pour : que : tu : vi-ves : lon-gue-ment.

5. Ho-mi-ci-de : point : ne : seras,
De : fait : ni : vo-lon-tai-re-ment.

6. Lu-xu-ri-eux : point : ne : se-ras,
De : corps : ni : de : con-sen-te-ment.

7. Les : biens : d'au-trui : tu : ne pren-dras,
Ni : re-tien-dras : in-jus-te-ment.

8. Faux : té-moi-gna-ge : ne : di-ras,
Ni : men-ti-ras : au-cu-ne-ment.

9. L'œu-vre : de : la : chair : ne dé-si-re-ras,
Qu'en : ma-ri-a-ge : seu-le-ment.

10. Biens : d'au-trui : ne : con-voi-te-ras,
Pour : les : a-voir : in-jus-te-ment.

*Com-man-de-ments : de : l'É-gli-se.*

1. Le : di-man-che : mes-se : ouï-ras,
 Et : Fê-tes : de : com-man-de-ment.
2. Tous : tes : pé-chés : con-fes-se-ras,
 A : tout : le : moins : u-ne : fois : l'an.
3. Ton : Cré-a-teur : tu : re-ce-vras,
 Au : moins : à : Pâ-ques : hum-ble-ment.
4. Les : fê-tes : tu : sanc-ti-fi-e-ras,
 Qui : te : sont : de : com-man-de-ment.
5. Qua-tre : temps, : vi-gi-les : jeû-ne-ras,
 Et : le : Ca-rê-me : en-tiè-re-ment.
6. Ven-dre-di : chair : ne : man-ge-ras.
 Ni : le : sa-me-di : mê-me-ment.

# LES SEPT PSAU-MES
## DE : LA : PÉ-NI-TEN-CE.

*Ant.* Ne : vous : res-sou-ve-nez point.

### Psau-me : 6.

Sei-gneur, : ne : me : re-pre-nez pas : dans : vo-tre : fu-reur, : et : ne me : cor-ri-gez : pas : dans : le fort : de : vo-tre : co-lè-re.

Ay-ez : pi-ti-é : de : moi, : Sei-gneur, : par-ce : que : je : suis fai-ble; : Sei-gneur : gué-ris-sez-moi, : car : mes : os : sont : tous é-bran-lés.

Mon : â-me : en : est : a-bat-tu-e de : tris-tes-se; : mais : vous, : Sei-gneur, : jus-qu'à : quand : dif-fé-re-rez-vous : ma : gué-ri-son.

Tour-nez : vos : yeux : sur : moi,

Sei-gneur, et sau-vez mon â-me
de tous dan-gers; dé-li-vrez-
moi par vo-tre mi-sé-ri-cor-de.

Car qui se sou-vien-dra de
vous par-mi les morts, et qui
vous lou-e-ra dans les en-fers.

Je me suis tour-men-té tou-
tes les nuits dans mes gé-
mis-se-ments, jus-qu'à bai-gner
mon lit et ma cou-che de
mes lar-mes.

Les dou-leurs m'ont fait
pleu-rer jus-qu'à per-dre les
yeux; j'ai vi-eil-li au mi-lieu
de mes en-ne-mis.

Re-ti-rez-vous de moi, vous
qui com-met-tez l'i-ni-qui-té ;
car Dieu a ex-au-cé la voix
de mes pleurs.

Le Sei-gneur a ex-au-cé ma
pri-è-re; le Sei-gneur a re-çu
ma de-man-de.

Que tous mes en-ne-mis

soi-ent : dans : u-ne : é-mo-tion
con-ti-nu-el-le; : qu'ils : s'en : re-
tour-nent : cou-verts : de : hon-te
et : de : con-fu-sion.

Gloi-re : soit : au : Pè-re, : etc.

## Psau-me : 32.

Bien-heu-reux : sont : ceux : à
qui : les : i-ni-qui-tés : sont : par-
don-né-es, : et : dont : les : pé-chés
sont : cou-verts.

Bien-heu-reux : est : l'hom-me
à : qui : Dieu : n'im-pu-te : point
sa : fau-te : et : dont : l'es-prit : est
sans : dé-gui-se-ment.

Par-ce : que : je : me : suis : tû,
mes : os : se : sont : ca-ri-és : au
mi-lieu : des : cris : que : j'ai : jetés : pen-dant : tout : le : jour.

Vo-tre : main : s'est : ap-pe-san-
ti-e : sur : moi : le : jour : et : la
nuit; : la : dou-leur : que : je : res-
sen-tais : m'a : des-sé-ché : com-me

l'her-be : du-rant : les : cha-leurs de : l'é-té.

Je : vous : ai : con-fes-sé : hau-te-ment : mon : of-fen-se : et : je ne : vous : ai : point : te-nu : mon i-ni-qui-té : ca-ché-e.

J'ai : dit : dans : mon : â-me, : je dé-cla-re-rai : con-tre : moi-mê-me : mon : pé-ché : au : Sei-gneur, et : vous : a-vez : re-mis : la : pei-ne de : mon : pé-ché. : Ce-la : por-te-ra tous : les : Saints : à : vous : a-dres-ser : leurs : pri-è-res : dans : le temps : fa-vo-ra-ble.

Et : quand : même : un : dé-lu-ge d'eau : i-non-de-rait : la : ter-re, : ils n'en : se-raient : pas : é-bran-lés.

Vous : ê-tes : mon : a-si-le : con-tre : les : ad-ver-si-tés : qui : m'en-vi-ron-nent; : vous : qui : ê-tes : ma joi-e : dé-li-vrez-moi : des : maux qui : m'en-vi-ron-nent, : de : tous cô-tés.

Je : vous : don-ne-rai : l'in-tel-li-gen-ce : et : je : vous : mon-tre-rai le : che-min : où : vous : de-vez mar-cher : et : j'au-rai : les : yeux sur : vo-tre : con-dui-te.

Ne : de-ve-nez : point : sem-bla-ble : au : che-val : et : au : mu-let qui : n'ont : point : d'en-ten-de-ment.

Vous : leur : met-tez : le : mords et : la : bri-de, : de : peur : qu'ils ne : vous : mor-dent : et : ne : ru-ent : con-tre : vous.

Les : mé-chants : se-ront : ac-ca-blés : de : maux, : mais : la : mi-sé-ri-cor-de : du : Sei-gneur : se-ra le : par-ta-ge : de : ceux : qui : es-pè-rent : en : lui.

Ré-jou-is-sez : vous : dans : le Sei-gneur, : hom-mes : jus-tes, : et glo-ri-fi-ez-vous : en : lui : vous qui : a-vez : le : cœur : droit.

Gloi-re : soit : au : Pè-re, : etc.

## Psau-me : 37.

Sei-gneur, : ne : me : re-pre-nez pas : dans : vo-tre : fu-reur, : et ne : me : cor-ri-gez : pas : dans : le fort : de : vo-tre : co-lè-re.

Car : j'ai : sen-ti : les : traits : de vo-tre : co-lè-re : et : vo-tre : main s'est : ap-pe-san-ti-e : sur : moi.

Ma : chair, : cou-ver-te : de plai-es, : é-prou-ve : les : ef-fets : de vo-tre : co-lè-re, : et : mes : os : ne pren-nent : au-cun : re-pos : à : la vu-e : de : mes : pé-chés.

Car : il : est : vrai : que : mes : i-ni-qui-tés : me : noi-ent : et : se : sont é-le-vé-es : par-des-sus : ma : tê-te, : et com-me : un : far-deau : pe-sant, : el-les : m'ac-ca-blent : sous : leur : faix.

Mes : ci-ca-tri-ces : se : sont : en-vieil-li-es : et : ont : dé-gé-né-ré : par ma : fo-li-e : en : u-ne : cor-rup-tion : sans : re-mè-de.

É-tant : ain-si : de-ve-nu : mi-sé-ra-ble : et : cour-bé : sous : les : en-nuis : je : che-mi-ne : tout : le : jour a-vec : u-ne : gran-de : tris-tes-se.

Mes : reins : sont : rem-plis : d'il-lu-sion, : et : je : n'ai : au-cu-ne : par-ti-e de : mon : corps : où : je : ne : souf-fre.

Je : suis : si : fort : af-fli-gé : et a-bais-sé, : qu'au : lieu : de : plain-tes, mon : cœur : n'ex-pri-me : sa : dou-leur : que : par : des : hur-le-ments.

Sei-gneur : vous : vo-yez : tou-tes mes : in-ten-tions ; : mes : pleurs ni : mes : gé-mis-se-ments : ne : vous sont : point : ca-chés.

Mon : cou-ra-ge : s'é-ton-ne, : je n'ai : plus : de : for-ce : ni : de : vi-gueur ; : mes : yeux : qui : sont : a-veu-glés : de : mes : lar-mes : n'a-per-çoi-vent : plus : la : clar-té.

Mes : a-mis : et : mes : pro-ches : se sont : é-loi-gnés : de : moi : me : vo-yant : ré-duit : en : ce : pi-teux : é-t

Mes : voi-sins : s'en : sont : re-t

aus-si, et ceux qui cher-chent à m'ô-ter la vi-e y em-ploi-ent de gran-des vi-o-len-ces.

Ils n'é-pi-ent que les oc-ca-sions de me nui-re, et tien-nent de mau-vais dis-cours de moi; ils pas-sent tous les jours à cher-cher les moy-ens de me rui-ner.

Mais je ne leur ré-pon-dais pas plus que si j'eus-se é-té sourd, et je ne leur par-lais pas plus que si j'eus-se é-té mu-et.

J'ai bou-ché les o-reil-les à tous leurs re-pro-ches; ma lan-gue n'a point pris la pei-ne de re-pous-ser les in-ju-res.

Par-ce qu'en vous, Sei-gneur, j'ai mis tou-te mon es-pé-ran-ce; Sei-gneur, mon Dieu, vous m'ex-au-ce-rez.

Je vous de-man-de cet-te â-ce que mes en-ne-mis ne se -sent glo-ri-fi-er de mes mi-sè-

res, et que fai-sant un faux pro-
ils ne se re-dres-sent con-tre mi to-
pour me fai-re tom-ber.

Je suis pour-tant dis-po-sé
à souf-frir tou-jours la per-sé-
cu-tion; et la dou-leur que
j'ai mé-ri-té-e se pré-sen-te con-
ti-nu-el-le-ment à mes yeux.

Car j'a-vou-e que j'ai com-
mis de gran-des i-ni-qui-tés et
je ne pro-po-se à ma pen-
sé-e jour et nuit que l'ob-
jet de mon cri-me.

Ce-pen-dant mes en-ne-mis vi-
vent con-tents; ils se for-ti-fi-ent
con-tre moi, et leur nom-bre
aug-men-te-ra tous les jours.

Ceux qui ren-dent le mal
pour le bien m'ont é-té con-
trai-res par-ce que j'ai-me la
paix et la dou-ceur.

Sei-gneur ne m'a-ban-don-nez
point dans ces pé-rils; mon Dieu,

ous : é-loi-gnez : point : de : moi.

Ve-nez : promp-te-ment : à : mon se-cours, : mon : Sei-gneur : et mon : Dieu, : puis-que : vous : ê-tes : mon : sa-lut.

Gloi-re : soit : au : Pè-re, : etc.

### Psau-me : 50.

Mon : Dieu : a-yez : pi-tié : de moi, : se-lon : vo-tre : gran-de : mi-sé-ri-cor-de.

Et : se-lon : la : mul-ti-tu-de : de : vos bon-tés : ef-fa-cez : mon : i-ni-qui-té.

Ver-sez : a-bon-dam-ment : sur moi : de : quoi : me : la-ver : de mes : fau-tes; : net-toy-ez : moi de : mon : pé-ché.

Je : re-con-nais : mes : of-fen-ses; : et : mon : cri-me : est : tou-jours : con-tre : moi.

Con-tre : vous : seul : j'ai : pé-ché, : et : j'ai : com-mis : de-vant vos : yeux : tout : le : mal : dont : je me : sens : cou-pa-ble; : soy-ez : re-con-nu : vé-ri-ta-ble : en : vos : pro-mes-ses : et : de-meu-rez : vic-to-ri-eux : dans : vos : ju-ge-ments.

J'ai : é-té : souil-lé : de : vi-ces dès : l'ins-tant : de : ma : for-ma-tion, : et : ma : mè-re : m'a : con-çu : dans : le : pé-ché.

Mais : pour-tant : com-me : vous a-vez : tou-jours : ai-mé : la : vé-ri-té, aus-si : vous : a-t-il : plû : de : me : ré-vé-ler : les : mys-tè-res : se-crets : de vo-tre : di-vi-ne : sa-ges-se.

Ar-ro-sez-moi : d'hy-so-pe, : et je : se-rai : net-toy-é; : la-vez-moi et : je : de-vien-drai : plus : blanc que : la : nei-ge.

Fai-tes-moi : en-ten-dre : u-ne : pa-ro-le : de : con-so-la-tion : et : de : joi-e, et : el-le : i-ra : jus-que : dans : mes os : af-fai-blis : par : le : tra-vail.

Dé-tour-nez : vos : yeux : de mes : pé-chés; : ef-fa-cez : les : ta-ches : de : mes : i-ni-qui-tés.

Mon : Dieu : cré-ez : un : cœur pur : en : moi, : et : re-nou-ve-lez-y l'es-prit : d'in-no-cen-ce.

Ne : me : con-dam-nez : point : à : de-meu-rer : é-loi-gné : de : vo-tre : pré-sen-ce; : ne : re-ti-rez : point : de : moi vo-tre : Saint-Es-prit.

Ren-dez : à : mon : â-me : la : joi-e de : vo-tre : as-sis-tan-ce, : et : as-su-rez : mes : for-ces : par : vo-tre es-prit : sou-ve-rain.

J'en-sei-gne-rai : vos : voi-es : aux mé-chants; : et : les : im-pi-es : con-ver-tis : im-plo-re-ront : vo-tre : mi-sé-ri-cor-de.

O : mon : Dieu, : le : Dieu : de mon : sa-lut, : pur-gez-moi : du cri-me : d'ho-mi-ci-de, : et : ma lan-gue : s'es-ti-me-ra : heu-reu-se de : ra-con-ter : les : mi-ra-cles : de vo-tre : jus-ti-ce.

Sei-gneur, : ou-vrez : s'il : vous plaît, : mes : lè-vres, : et : ma : bouche : aus-si-tôt : an-non-ce-ra : vos lou-an-ges.

Car : si : vous : eus-siez : vou-lu des : sa-cri-fi-ces, : je : vous : en eus-se : of-fert; : mais : les : ho-lo-caus-tes : ne : pou-vaient : a-pai-ser : vo-tre : cour-roux.

Un : es-prit : af-fli-gé : du : re-gret de : ses : pé-chés : est : le : sa-cri-fi-ce a-gré-a-ble : à : Dieu; : mon : Dieu vous : ne : mé-pri-sez : point : un cœur : con-trit : et : hu-mi-li-é.

Sei-gneur : fa-vo-ri-sez : la : vil-le de : Si-on : sui-vant : vo-tre : bon-té ac-cou-tu-mé-e, : et : per-met-tez que : les : mu-rail-les : de : Jé-ru-sa-lem : soi-ent : re-le-vé-es.

A-lors : vous : a-gré-e-rez : les : sa-cri-fi-ces : de : jus-ti-ce; : vous : ac-cep-te-rez : nos : o-bla-tions : et : nos ho-lo-caus-tes, : et : l'on : of-fri-ra des : veaux : sur : vos : au-tels.

Gloi-re : soit : au : Pè-re, : **etc.**

## Psau-me : 101.

Sei-gneur, : ex-au-cez : ma : pri-è-re, : et : per-met-tez : que : ma voix : ail-le : jus-qu'à : vous.

Ne : dé-tour-nez : point : vo-tre vi-sa-ge : de : des-sus : ma : mi-sè-re, : mais : prê-tez : l'o-reil-le à : ma : voix : quand : je : suis : en af-flic-tion.

En : quel-que : temps : que : je vous : in-vo-que, : ex-au-cez-moi promp-te-ment.

Par-ce : que : mes : jours : s'é-cou-lent : com-me : la : fu-mé-e, mes : os : se : con-su-ment : com-me : un : ti-son : dans : le : feu.

Mon : cœur : ou-tré : de : tris-tes-se : me : fait : res-sem-bler : à cet-te : her-be : qui : est : sans : vi-gueur, : et : mon : â-me : est : si af-fli-gé-e : que : j'ou-bli-e : de man-ger : mon : pain.

A : for-ce : de : me : plain-dre et : de : sou-pi-rer, : mes : os : tien-nent : à : ma : peau.

Je : res-sem-ble : au : pé-li-can dans : le : dé-sert, : ou : à : la : chou-et-te, : en-ne-mie : de : la : lu-mi-è-re, : qui : se : tient : dans : les trous : de : la : mai-son.

Je : ne : re-po-se : point : tou-tes les : nuits, : et : je : de-meu-re : so-li-tai-re : com-me : le : pas-se-reau dans : son : nid.

Mes : en-ne-mis : me : font : des re-pro-ches : tout : le : long : du jour, : et : ceux : qui : m'ont : don-né : des : lou-an-ges : se : sont : ef-for-cés : de : me : dés-ho-no-rer.

Vo-yant : que : je : man-geais : de la : cen-dre : au : lieu : de : pain : et que : je : mê-lais : mon : breu-va-ge a-vec : l'eau : de mes : pleurs.

A : cau-se : de : vo-tre : co-lè-re et : de : vo-tre : in-di-gna-tion : puis-

qu'a-près : m'a-voir : é-le-vé : vous
m'a-vez : a-bat-tu.

Mes : jours : se : sont : é-cou-lés
com-me : l'om-bre : ; le : cha-grin
me : fait : sé-cher : com-me : le : foin.

Mais : vous, : Sei-gneur, : qui
de-meu-rez : é-ter-nel-le-ment, : la
mé-moi-re : de : vo-tre : nom : se-ra
im-mor-tel-le, : pas-sant : de : gé-
né-ra-tion : en : gé-né-ra-tion.

Tour-nez : vos : re-gards : sur : Sion, : quand : vous : re-vien-drez : de
vo-tre : som-meil, : pre-nez : pi-tié
de : ses : mi-sè-res, : puis-qu'il : est
temps : de : lui : par-don-ner.

Il : est : vrai : que : ses : pier-res : sont
tel-le-ment : chè-res : à : vos : ser-vi-
teurs : qu'ils : ont : re-gret : de : voir
u-ne : si : bel-le : vil-le : dé-trui-te.

A-lors, : Sei-gneur, : vo-tre : nom
se-ra : re-dou-té : par : tou-tes : les : na-
tions, : et : vo-tre : gloi-re : é-pou-van-
te-ra : tous : les : rois : de : la : ter-re.

Quand on saura que vous aurez rebâti Sion, où le Seigneur paraîtra dans sa gloire.

Il regardera favorablement la prière des humbles, et il ne la méprisera pas.

Toutes ces choses seront consignées dans l'histoire pour l'instruction de la postérité qui en donnera des louanges au Seigneur.

Il regarde ici bas du saint lieu où son trône est élevé du ciel où il réside il jette les yeux sur la terre,

Pour entendre les cris de ceux qui sont dans les enfers, et pour rompre les chaînes de ceux qui sont condamnés à la mort.

Afin que le nom du Seigneur soit honoré dans Sion, et que sa louange soit chantée en Jérusalem.

Quand : tous : les : peu-ples : s'as-sem-ble-ront, : et : que : tous : les : rois s'u-ni-ront : pour : le : ser-vir.

Mais : je : sens : qu'il : a-bat : mes for-ces : par : la : lon-gueur : du che-min; : il : a : di-mi-nu-é : le nom-bre : de : mes : jours.

C'est : pour-quoi : je : m'a-dres-se : à : mon : Sei-gneur : : ne : m'ô-tez : pas : du : mon-de : au : mi-lieu : de : ma : vi-e, : vos : an-né-es ne : fi-ni-ront : ja-mais.

Car : c'est : vous : qui : dès : le com-men-ce-ment : a-vez : as-su-ré les : fon-de-ments : de : la : ter-re et : les : cieux : sont : les : œu-vres : de : vos : mains.

Mais : ils : pé-ri-ront, : et : il : n'y : au-ra : que : vous : seul : de : per-ma-nent, et : tou-tes : cho-ses : vieil-li-ront : com-me : le : vê-te-ment.

Et : vous : les : chan-ge-rez : com-me : un : man-teau, : mais : vous se-rez : tou-jours : le : mê-me : que vous : a-vez : é-té : sans : que : vos an-né-es : pren-nent : ja-mais : fin.

Tou-te-fois : les : en-fants : de : vos ser-vi-teurs : au-ront : u-ne : de-meu-re : as-su-ré-e, : et : leur : pos-té-ri-té se-ra : tou-jours : heu-reu-se.

Gloi-re : soit : au : Pè-re, : etc.

## Psau-me : 129.

Sei-gneur, : je : me : suis : é-cri-é vers : vous : du : pro-fond : a-bî-me : de : mes : en-nuis, : Sei-gneur é-cou-tez : ma : pri-è-re.

Ren-dez, : s'il : vous : plaît, : vos o-reil-les : at-ten-ti-ves : aux : tris-tes : ac-cents : de : mes : plain-tes.

Sei-gneur : si : vous : ex-a-mi-nez de : près : nos : of-fen-ses ; : qui est-ce : qui : pour-ra : sou-te-nir : les ef-forts : de : vo-tre : co-lè-re ?

Mais : la : clé-men-ce : et : le par-don : se : trou-vent : chez : vous ce : qui : est cau-se : que : j'at-tends : a-vec : pa-ti-en-ce : l'ef-fet de : vo-tre : pro-mes-se.

Mon : â-me : s'est : as-su-ré-e sur : vo-tre : pa-ro-le, : et : el-le a : mis : ses : es-pé-ran-ces : au Sei-gneur.

De-puis : la : gar-de : du : ma-tin : jus-qu'à : la : nuit : qu'Is-ra-ël es-pè-re : au : Sei-gneur.

Par-ce que : le : Sei-gneur : est plein : de : mi-sé-ri-cor-de, : et que : sa : grâ-ce : est : tou-te : puis-san-te : pour : nous : ra-che-ter.

Et : lui-mê-me : ra-chè-te-ra : Is-ra-ël : et : le : dé-li-vre-ra : de : ses i-ni-qui-tés.

Gloi-re : soit : au : Pè-re, : etc.

Psau-me : 144.

Sei-gneur, : ex-au-cez : ma : pri-è-re; : prê-tez : l'o-reil-le : à : mon o-rai-son; : en-ten-dez-moi : se-lon la : vé-ri-té : de : vos : pro-mes-ses et : se-lon : vo-tre : jus-ti-ce.

N'en-trez : point : en : ju-ge-ment : a-vec : vo-tre : ser-vi-teur, car : au-cun : ne : peut : ja-mais se : jus-ti-fi-er : de-vant : vous.

L'en-ne-mi : m'a : per-sé-cu-té sans : re-lâ-che; : il : m'a : pres-que ré-duit : à : ex-pi-rer : en : mor-dant : la : pous-siè-re.

Il : m'a : con-fi-né : dans : des lieux : obs-curs : com-me : ceux : qui sont : morts; : mon : es-prit : ne : peut te-nir : con-tre : les : in-quié-tu-des qui : l'ac-ca-blent, : et : mon : cœur : se con-su-me : de : dou-leur.

Mais : je : me : suis : con-so-lé par : le : sou-ve-nir : du : temps pas-sé, : dis-cou-rant : en : mon es-prit : de : vos : ac-tions : mer-veil-leu-ses : en : fa-veur : de : nos pè-res, : mé-di-tant : sur : les : ou-vra-ges : de : vos : mains.

Je: vous : tends : les : mien-nes : et mon : â-me : vous : dé-si-re : a-vec : au-tant : d'im-pa-ti-en-ce : que : la : ter-re sè-che : at-tend : l'eau.

Sei-gneur : hâ-tez-vous : de m'ex-au-cer; : mon : es-prit : tom-be : en : dé-fail-lan-ce.

Ne : dé-tour-nez : point : de : moi vo-tre : vi-sa-ge, : a-fin : que : je : ne de-vien-ne : sem-bla-ble : à : ceux : qui des-cen-dent : dans : l'a-bî-me.

Fai-tes-moi : en-ten-dre : dès : le ma-tin : la : voix : de : vo-tre : mi-sé-ri-cor-de, : puis-que : j'ai : mis mon : es-pé-ran-ce : en : vous.

Mon-trez-moi : le : che-min : par le-quel : je : dois : mar-cher, : d'au-tant : que : mon : à-me : est : tou-jours : é-le-vé-e : vers : vous.

Sei-gneur, : dé-li-vrez-moi : du pou-voir : de : mes : en-ne-mis; : je me : jet-te : en-tre : vos : bras; : en-sei-gnez-moi : à : fai-re : vo-tre : vo-lon-té, : car : vous : ê-tes : mon : Dieu.

Vo-tre : es-prit : qui : est : bon : me con-dui-ra : par : u-ne : ter-re : u-ni-e et : pour : la : gloi-re : de : vo-tre nom ; : Sei-gneur, : vous : me : re-don-ne-rez : les : for-ces : et : la vi-gueur : se-lon : vo-tre : é-qui-té.

Dé-li-vrez : mon : â-me : des af-flic-tions : qui : l'op-pres-sent ; et : me : fai-sant : sen-tir : les : ef-fets : de : vo-tre : mi-sé-ri-cor-de, ex-ter-mi-nez : mes : en-ne-mis.

Per-dez : tous : ceux : qui : tâ-chent de : m'ô-ter : la : vi-e : par : les : pei-nes qu'ils : don-nent : à : mon : es-prit, car : je : suis : vo-tre : ser-vi-teur.

Gloi-re : soit : au : Pè-re, : etc.

*Ant.* : Sei-gneur : ne : vous : res-sou-ve-nez : point : de : nos : of-fen-ses : ni : des : fau-tes : de : nos : pa-rents, et : ne : pre-nez : point : la : ven-gean-ce : de : nos : pé-chés.

# LES : VÊ-PRES
## DU
# DI-MAN-CHE.

### Psau-me : 109.

Le : Sei-gneur : a : dit : à : mon Sei-gneur : as-sey-ez-vous : à : ma droi-te.

Tan-dis : que : ter-ras-sant : vos en-ne-mis, : je : les : fe-rai : ser-vir d'es-ca-beau : à : vos : pieds.

Le : Sei-gneur : fe-ra : sor-tir : de Si-on : le : scep-tre : de : vo-tre puis-san-ce, : pour : é-ten-dre : vo-tre : em-pi-re : au : mi-lieu : de vos : en-ne-mis.

On : re-con-naî-tra : vo-tre : prin-ci-pau-té : au : jour : de : vo-tre puis-san-ce, : é-tant : re-vê-tu : de la : splen-deur : des : Saints. : Je vous : ai : en-gen-dré : de : mon sein : a-vant : l'é-toi-le : du : ma-tin.

Le : Sei-gneur : a ju-ré, : il ne : se ré-trac-te-ra : point : : vous : ê-tes, dit-il, : prê-tre : é-ter-nel-le-ment se-lon : l'or-dre : de : Mel-chi-se-dec.

Le : Sei-gneur : qui : est : à : vos cô-tés : bri-se-ra : l'or-gueil : des rois : au : jour : de : sa : fu-reur.

Il : ex-er-ce-ra : sa : jus-ti-ce : sur tou-tes : les : na-tions, : et : cas-se-ra : la : tê-te : à : plu-sieurs : mu-tins : qui : sont : sur : la : ter-re.

Il : boi-ra : en : che-min : des eaux : du : tor-rent, : et : par : là il : s'é-lè-ve-ra : dans : la : gloi-re.

Gloi-re : soit : au : Pè-re, : etc.

## Psau-me : 110.

Sei-gneur, : je : con-fes-se : vos lou-an-ges : de : tout : mon : cœur, les : pu-bli-ant : en : l'as-sem-blé-e des : jus-tes, : et : en : la : con-gré-ga-tion : des : fi-dè-les.

Les ou-vra-ges du Sei-gneur sont grands, et ceux qui les con-si-dè-rent ne peu-vent se las-ser de les ad-mi-rer.

La gloi-re et la ma-gni-fi-cen-ce pa-rais-sent dans les ou-vra-ges de ses mains; sa jus-ti-ce de-meu-re in-vi-o-la-ble pen-dant l'é-ter-ni-té.

Le Sei-gneur qui est bon et mi-sé-ri-cor-dieux, nous a con-ser-vé la mé-moi-re de ses mer-veil-les; il nour-rit ceux qui le ser-vent a-vec crain-te.

Il n'y a point de siè-cle ni de du-ré-e qui lui fas-se per-dre le sou-ve-nir de son al-li-an-ce : il fe-ra pa-raî-tre à son peu-ple sa puis-san-ce par ses œu-vres.

Il aug-men-te-ra son hé-ri-ta-ge par les biens des na-tions in-fi-dè-les; ses œu-vres nous : ap-pren-nent : qu'il : est jus-te : et : vé-ri-ta-ble.

Rien : ne : pour-ra : ja-mais : é-bran-ler : la : for-ce : de : ses : lois fon-dé-es : sur : la : du-ré-e : de l'é-ter-ni-té, : com-po-sé-es : se-lon : les : rè-gles : de : la : vé-ri-té et : de : la : jus-ti-ce.

Il : lui : a : plu : d'en-vo-yer : la ré-demp-tion : à : son : peu-ple, : et de : fai-re : a-vec : lui : u-ne : al-li-an-ce : qui : de-meu-rât : tou-jours.

Son : nom : saint : et : re-dou-ta-ble : nous : fait : as-sez : voir que : le : com-men-ce-ment : de la : sa-ges-se : est : la : crain-te : du Sei-gneur.

En : ef-fet, : il : n'y : a : que : des per-son-nes : bien : a-vi-sé-es : qui ob-ser-vent : ses : pré-cep-tes; : et leurs : lou-an-ges : sub-sis-te-ront du-rant : l'é-ter-ni-té.

Gloi-re : soit : au : Pè-re, : etc.

## Psau-me : 111.

Heu-reux : est : l'hom-me : qui sert : le : Sei-gneur : a-vec : crain-te; : il : met-tra : son : plai-sir : à : ex-é-cu-ter : ses : com-man-de-ments.

Sa : pos-té-ri-té : se-ra : puis-san-te : sur : la : ter-re; : la : ra-ce des : jus-tes : se-ra : com-blé-e : de bé-né-dic-tions.

La : gloi-re : et : les : ri-ches-ses ren-dront : sa : mai-son : flo-ris-san-te : et : son : é-qui-té : sub-sis-te-ra : é-ter-nel-le-ment.

Ain-si : la : lu-miè-re : se : ré-pand sur : les : jus-tes : par-mi : les : té-nè-bres, : par-ce : que : le : Sei-gneur : est : jus-te, : pi-to-ya-ble et : mi-sé-ri-cor-dieux.

L'hom-me : qui : est : sen-si-ble au : sort : de : son : pro-chain, l'as-sis-tant : se-lon : sa : com-mo-di-té, : est : a-gré-a-ble : au : Sei-gneur; il rè-gle ses pa-ro-les et ses ac-tions sur les pré-cep-tes de la jus-ti-ce; il ne se-ra ja-mais é-bran-lé.

Sa mé-moi-re se-ra im-mor-tel-le, et il ne crain-dra point les lan-gues mé-di-san-tes.

Son cœur est dis-po-sé à met-tre tou-te sa con-fi-an-ce au Sei-gneur; il ne craint rien et il at-tend a-vec con-fi-an-ce la dé-rou-te de ses en-ne-mis.

Il sou-la-ge et nour-rit les pau-vres, sa jus-ti-ce de-meu-re-ra é-ter-nel-le-ment, et sa puis-san-ce se-ra ho-no-ré-e de tout le mon-de.

Les mé-chants vo-yant ce-la fré-mi-ront de dé-pit et de ra-ge; ils en grin-ce-ront les dents, et ils en sè-che-ront de co-lè-re, car les dé-sirs des mé-chants pé-ri-ront.

Gloi-re soit au Pè-re, etc.

## Psau-me : 112.

En-fants : qui : ê-tes : ap-pe-lés au : ser-vi-ce : du : Sei-gneur, lou-ez : son : saint : nom.

Que : le : nom : du : Sei-gneur soit : bé-ni : dès : à : pré-sent : et pen-dant : tou-te : l'é-ter-ni-té.

Car : de-puis : le : so-leil : le-vant : jus-qu'au : point : qu'il : se cou-che : le : nom : du : Sei-gneur mé-ri-te : des : lou-an-ges.

Le : Sei-gneur : est : ex-al-té : par-des-sus : tou-tes : les : na-tions ; : sa gloi-re : est : é-le-vé-e : par-des-sus : les : cieux.

Qui : est-ce : donc : qui : peut : se com-pa-rer : au : Sei-gneur, : no-tre Dieu, : qui : de-meu-re : là-haut, et : qui : s'a-bais-se : tou-te-fois : jus-qu'à : con-si-dé-rer : les : cho-ses du : ciel : et : de : la : ter-re ?

Il : re-lè-ve : les : mi-sé-ra-bles

de : la : pous-siè-re, : et : re-ti-re les : plus : pau-vres : de : la : fan-ge, pour : les : é-ta-blir : dans : les char-ges : ho-no-ra-bles, : et : a-vec les : prin-ces : de : son : peu-ple.

Qui : rend : fé-con-de : la : fem-me : sté-ri-le : et : la : rend : joy-eu-se, : la : fai-sant : mè-re : de plu-sieurs : en-fants.

Gloi-re : soit : au : Pè-re, : etc.

## Psau-me : 113.

Lors-qu'Is-ra-ël : sor-tit : de l'É-gyp-te, : et : la : mai-son : de Ja-cob : du : mi-lieu : d'un : peu-ple : bar-ba-re,

Dieu : é-ta-blit : son : sanc-tu-ai-re : dans : la : Ju-dé-e : et : son em-pi-re : en : Is-ra-ël.

La : mer : vit : cet-te : hau-te en-tre-pri-se : et : s'en-fuit, : et le : Jour-dain : re-mon-ta : vers sa : sour-ce.

Les : mon-ta-gnes : sau-tè-rent com-me : des : bé-liers, : et : les col-li-nes : com-me : des : a-gneaux.

O : mer : Rou-ge, : pour-quoi vous : re-ti-râ-tes - vous? : et : vous fleu-ve : du : Jour-dain, : qui : vous fit : re-tour-ner : vers : la : sour-ce?

Mon-ta-gnes : et : col-li-nes, pour - quoi : bon - dis-siez - vous com-me : les : a-gneaux : au-près de : leur : mè-re?

C'est : que : la : ter-re : s'est é-mu-e : en : la : pré-sen-ce : du : Sei-gneur, : en : la : pré-sen-ce : du Dieu : de : Ja-cob.

Qui : fait : sor-tir : des : é-tangs de : la : pier-re, : et : qui : con-ver-tit : les : ro-chers : en : fon-tai-nes.

Non : point : à : nous, : Sei-gneur, non : point : à : nous, : mais : don-nez : à : vo-tre : nom : la : gloi-re qui : lui : ap-par-tient.

C'est : pour : ma-ni-fes-ter : vo-tre : mi-sé-ri-cor-de : et : la : vé-ri-té : de : vos : pro-mes-ses, : a-fin que : les : na-tions : ne : di-sent point : où : est : leur : Dieu.

Car : il : est : au : ciel : où : il : fait tout : ce : qu'il : lui : plaît, : sans que : sa : puis-san-ce : soit : li-mi-té-e.

Mais : les : i-ma-ges : des : Gen-tils : sont : d'or : et : d'ar-gent, : ou-vra-ge : des : mains : des : hom-mes.

Ils : ont : u-ne : bou-che : et : ne par-lent : point, : ils : ont : des yeux : et : ne : voi-ent : rien.

Ils : ont : des : o-reil-les : et : n'en-ten-dent : point, : ils : ont : des : na-ri-nes : et : ne : sen-tent : point.

Leurs : mains : sont : i-nu-ti-les pour : tou-cher, : et : leurs : pieds sont : in-ca-pa-bles : de : mar-cher.

Ils : ne : sau-raient : ren-dre : au-cun : son : de : leur : gor-ge.

Que : ceux-là : qui : les : font : leur puis-sent : res-sem-bler, : et : tous les : hom-mes : qui : met-tent : en eux : leur : con-fi-an-ce.

La:mai-son:d'Is-ra-ël:a:mis:tou-te : son:es-pé-ran-ce:au:Sei-gneur; il : est : prêt : à:son:se-cours, : car : il est : son : pro-tec-teur.

La : mai-son: d'A-a-ron : a : es-pé-ré : en:sa:seu-le:bon-té; : il : est : son ap-pui : et : son : pro-tec-teur.

Ceux : qui : crai-gnent : le : Sei-gneur : se : con-fi-ent : en : lui; : il est : leur : re-fu-ge : et : leur : pro-tec-teur.

Le : Sei-gneur : s'est : sou-ve-nu de : nous, : et : nous : a : don-né sa : bé-né-dic-tion.

Il : a : com-blé : de : fa-veurs la : mai-son : d'Is-ra-ël; : il : a : bé-ni : la : mai-son : d'A-a-ron.

Il : a : bé-ni : tous : ceux : qui : le crai-gnent, : de-puis : les : plus grands : jus-qu'aux : plus : pe-tits.

Que : le : Sei-gneur : vous : comble : de : nou-vel-les : grâ-ces, vous : et : vos : en-fants.

So-yez : bé-ni-e : du : Sei-gneur, qui : a : fait : le : ciel : et : la : ter-re.

Le : ciel : est : la : de-meu-re : du : Sei-gneur, : et : il : a : don-né : la : ter-re : aux en-fants : des : hom-mes.

Tou-te-fois, : Sei-gneur, : les morts : ne : vous : lou-e-ront : pas, ni : ceux : qui : des-cen-dent : dans les : lieux : pro-fonds.

Mais : nous, : qui : vi-vons, : ren-dons : con-ti-nu-el-le-ment : des ac-tions : de : grâ-ces : au : Sei-gneur : et : re-con-nais-sons : à ja-mais : ses : fa-veurs.

Gloi-re : soit : au : Pè-re, : etc.

## *HYM-NE.*

Cré-a-teur : ex-cel-lent : de : la lu-miè-re, : qui : pro-dui-sez : cel-le des : jours, : pré-pa-rant : l'o-ri-gi-ne : du : mon-de : par : le : com-men-ce-ment : d'u-ne : clar-té : tou-te : nou-vel-le.

Vous : qui : a-vez : or-don-né : qu'on ap-pel-le-rait : jour : le : ma-tin : joint a-vec : le : soir, : dé-brouil-lant : l'hor-ri-ble : con-fu-sion : des : cho-ses, en-ten-dez : nos : pri-è-res : qui : sont ac-com-pa-gné-es : de : lar-mes.

Ne : per-met-tez : pas : que : no-tre : â-me : char-gé-e : de : cri-mes soit : pri-vé-e : des : biens : de : la vi-e, : tan-dis-que : ne : son-geant point : à : mé-di-ter : les : cho-ses é-ter-nel-les, : el-le : se : pré-ci-pi-te : dans : les : liens : du : pé-ché.

Qu'el-le : pous-se : ses : dé-sirs jus-que : dans : le : ciel ; qu'el-le rem-por-te : le : prix : de : la : vi-e ; é-vi-tons : tout : ce : qui : peut : lui ê-tre : con-trai-re : et : par : u-ne sain-te : pé-ni-ten-ce, : pur-geons no-tre : â-me : de : tou-tes : ses i-ni-qui-tés.

Fai-tes - nous : cet-te : fa-veur, Pè-re : très-saint, : vous : son : fils u-ni-que : et : vous : es-prit : con-so-la-teur, : qui : ré-gnez : é-ter-nel-le-ment. : Ain-si : soit-il.

### Can-ti-que : de : la : Vier-ge.

Mon : â-me : glo-ri-fi-e : le : Sei-gneur.

Et : mon : es-prit : s'est : ré-jou-i en : Dieu : au-teur : de : mon : sa-lut.

Par-ce : qu'il : a : re-gar-dé : fa-vo-ra-ble-ment : la : bas-ses-se : de sa : ser-van-te, : je : se-rai : nom-mé-e : bien-heu-reu-se : dans : la sui-te : de : tous : les : â-ges.

Car : le : Tout-Puis-sant : a o-pé-ré : en : moi : de : gran-des mer-veil-les, : et : son : nom : est saint.

Sa : mi-sé-ri-cor-de : se : ré-pand d'â-ge : en : â-ge : sur : ceux : qui le : crai-gnent.

Il : a : fait : pa-raî-tre : la : for-ce de : son : bras, : fai-sant : a-vor-ter les : des-seins : des : su-per-bes.

Il : a : fait : des-cen-dre : les puis-sants : de : leur : trô-ne, : et : a é-le-vé : les : pe-tits.

Il : a : rem-pli : de : biens : les pau-vres, : et : a : ré-duit : les : ri-ches : à : l'in-di-gen-ce.

Il : a : pris : en : sa : pro-tec-tion : son : ser-vi-teur : Is-ra-ël, s'é-tant : res-sou-ve-nu : de : sa mi-sé-ri-cor-de.

Se-lon : la : pa-ro-le : qu'il : en a-vait : don-né-e : à : nos : pè-res, à : A-bra-ham : et : à : tou-te : sa pos-té-ri-té : à : ja-mais.

# TABLEAU

*Pour apprendre à lire les mots.*

---

Bien utile, *prononcez*    Bien-n'utile.
Mes amis . . . . . . . . . . Mes-z'amis.
Elle arrive. . . . . . . . El-l'arrive.
Doit être. . . . . . . . . Doit-t'être.
Son habit. . . . . . . . . Son n'habit.
Deux épées. . . . . . . . Deuz-z'épées.
Trop entêté. . . . . . . Tro-p'entêté.
L'un et l'autre. . . . . L'un-n'et l'autre.
Grand homme. . . . . . Grand-t'homme.
Dix écus. . . . . . . . . Diz-z'écus.
Très-habile. . . . . . . Très-z'habile.
On enseigne. . . . . . . On n'enseigne.
Aux autres. . . . . . . . Aux-z'autres.
En étourdi. . . . . . . . En-n'étourdi.
Après avoir. . . . . . . Après-z'avoir.
Un insensé. . . . . . . . Un-n'insensé.
Cinq assiettes. . . . . Cin-qu'assiettes.
Avec esprit. . . . . . . Avec-qu'esprit.
Pas étonnant. . . . . . Pas-z'étonnant.

---

# L'OFFICE
DE
# LA VIERGE MARIE.

### A MATINES.

Seigneur, ouvrez, s'il vous plaît, mes lèvres;
Et ma bouche aussitôt annoncera vos louanges.
Mon Dieu, venez à mon aide.
Gloire soit au Père, au Fils et au Saint-Esprit.
Comme elle était au commencement, comme elle est maintenant, et comme elle sera dans la suite de tous les siècles.
Ainsi soit-il.

### Psaume 94.

Venez, réjouissons-nous dans le Seigneur, chantons la gloire de Dieu, notre Sauveur; allons nous présenter à lui en célébrant ses louanges, et faisons résonner des cantiques d'allégresse. Je vous salue, Marie, pleine de grâce, le Seigneur est avec vous.
Car le Seigneur est le grand Dieu et le

grand roi qui est au-dessus de tous les dieux : il ne rebutera point son peuple ; il tient en sa main toute l'étendue de la terre, et les montagnes les plus élevées sont sous ses yeux. Le Seigneur est avec vous.

La mer lui appartient, elle est son ouvrage; ses mains ont aussi formé la terre. Venez donc, puisqu'il mérite des adorations, fléchissons les genoux en sa présence, versons des larmes devant le Seigneur qui nous a faits, car il est notre Dieu, nous sommes son peuple et les brebis qu'il conduit lui-même. Je vous salue, Marie, pleine de grâce, le Seigneur est avec vous.

S'il vous fait entendre aujourd'hui sa voix, n'endurcissez pas vos cœurs comme firent vos pères, lorsqu'ils murmurèrent dans le désert, où ils me tentèrent, et où je leur donnai tant de preuves de ma puissance. Le Seigneur est avec vous.

J'ai accompagné ce peuple pendant quarante ans, et j'ai dit : ce peuple insensé se trompe toujours en son cœur, et il n'a pas connu mes voies; aussi ai-je bien fait serment, dans ma colère, qu'ils n'entreront point dans le lieu de mon repos. Je vous salue, Marie, pleine de grâce, le Seigneur est avec vous.

Gloire soit au Père, et au Fils et au Saint-Esprit, comme elle sera toujours aux siècles des siècles. Le Seigneur est avec vous.

Je vous salue, Marie, pleine de grâce, le Seigneur est avec vous.

## HYMNE.

Celui que la terre, la mer et les cieux révèrent, adorent et louent, qui, par sa puissance infinie, gouverne ce grand univers, les flancs de Marie ont eu l'honneur de le porter.

Les entrailles d'une vierge féconde, comblée des grâces et des bénédictions du ciel, contiennent celui à qui la Lune, le Soleil et toutes les créatures obéissent.

Heureuse mère à cause du précieux fruit qu'elle porte : son chaste sein enferme, comme dans un tabernacle, celui qui a créé le monde, et le soutient dans le creux de sa main.

Heureuse encore par l'ambassade que vous avez reçue du ciel; ayant été rendue féconde par le Saint-Esprit, vous avez mis au monde le désiré des nations.

Gloire à vous, Seigneur, qui êtes né d'une vierge, à vous, à votre Père et au Saint-Esprit dans les siècles des siècles.

Ainsi soit-il.

### Psaume 7.

Seigneur, notre souverain Seigneur, que votre nom est grand et admirable par toute la terre !

Votre magnificence est élevée par-dessus les cieux.

Vous avez mis vos louanges dans la bouche des petits enfants qui sont encore à la mamelle, afin de remplir de confusion vos ennemis, et de perdre celui qui a de la haine et qui veut se venger.

Je contemple les cieux, qui sont l'ouvrage de vos mains, la lune et les étoiles que vous avez formées.

Mais qu'est-ce que l'homme pour vous souvenir de lui ? et qu'est-ce que le fils de l'homme pour mériter que vous le visitiez?

Car vous ne l'avez rendu qu'un peu inférieur aux anges, vous l'avez couronné d'honneur et de gloire, et lui avez donné l'empire sur tous les ouvrages de vos mains.

Vous avez tout soumis à sa puissance, les brebis, les bœufs et les troupeaux des champs;

Et les oiseaux de l'air et les poissons de la mer, qui se promènent dans la vaste étendue des eaux.

Seigneur, notre souverain Seigneur, que votre nom est grand et admirable par toute l'étendue de la terre.

Gloire soit au Père, etc.

## Psaume 18.

Les cieux racontent la gloire de Dieu, et le firmament publie l'excellence des ouvrages qui sont sortis de ses mains.

Le jour qui passe annonce ses merveilles

au jour qui le suit, et la nuit apprend à l'autre nuit à chanter ses louanges.

Il n'y a point de nation ni de langues qui n'entendent leurs voix et leur langage.

Leur voix frappe toute la terre, et leurs paroles volent jusqu'aux extrémités du monde.

Le Seigneur a établi son trône dans le Soleil : cet astre, à son lever, est paré comme un époux sortant de sa chambre nuptiale.

Il commence sa course comme un géant s'élançant d'un des bouts des cieux.

Et ayant continué son vaste tour jusqu'à l'autre extrémité, il n'a trouvé aucune créature qui n'ait senti sa chaleur.

La loi du Seigneur est toute sainte; elle convertit les âmes; les promesses de Dieu sont éternelles; sa parole donne la sagesse aux simples.

Sa justice infaillible donne de la joie à tous les cœurs; ses commandements qui sont purs éclairent nos yeux obscurcis.

La crainte du Seigneur nous sanctifie, elle subsistera dans tous les siècles; ses jugemens sont équitables, étant fondés sur la justice infinie.

Ils sont beaucoup plus désirables que l'or et que toutes les pierres précieuses; ils sont plus doux que le miel, et même que le miel le plus excellent.

C'est pourquoi votre serviteur les a toujours gardés, sachant qu'il y a de grandes récompenses pour ceux qui les observent.

Qui peut savoir le grand nombre de ses fautes? Seigneur, lavez-moi de mes iniquités cachées, et pardonnez-moi les péchés d'autrui auxquels j'ai eu part.

S'ils ne prennent point de l'empire sur moi, je vivrai dans l'innocence et je serai exempt des plus grands péchés.

Alors vous écouterez avec plaisir les paroles de ma bouche; et les mouvements de mon cœur seront toujours dirigés vers vous.

Seigneur, vous êtes mon espérance et mon rédempteur.

Gloire soit au Père, etc.

## Psaume 53.

La terre est au Seigneur, et tout ce qu'elle contient, et toutes les créatures qui l'habitent.

Il a établi sur les mers le fondement de la terre, et l'a affermie le long des fleuves.

Qui montera sur la montagne du Seigneur ou qui sera digne d'habiter dans son sanctuaire?

Celui de qui les mains sont innocentes et le cœur pur, qui ne passe point sa vie dans la vanité, et qui n'use point de serments pour tromper autrui.

Celui-là recevra de grandes bénédictions du Seigneur, et il obtiendra miséricorde de Dieu, qui est son Sauveur.

Tels sont ceux qui cherchent à paraître devant le Dieu de Jacob.

Ouvrez-vous donc, grandes portes, et vous aussi, portes éternelles du Ciel, puisque le Roi de gloire veut entrer.

Quel est ce roi de gloire? C'est le Seigneur grand et puissant, c'est le Seigneur si redoutable dans les combats.

Ouvrez-vous donc, grandes portes, et vous aussi portes éternelles du Ciel, puisque le roi de gloire veut entrer.

Mais enfin, quel est ce roi de gloire? Le Seigneur des armées est ce roi tout environné de gloire.

Gloire soit au Père, etc.

### Psaume 44.

Mon cœur m'inspire un bon propos, c'est de composer cet ouvrage à la gloire du Roi.

Ma langue imitera la légèreté d'un habile écrivain.

Vous surpassez en beauté tous les enfans des hommes; les grâces sont répandues sur vos lèvres; c'est pourquoi Dieu vous a béni de toute éternité.

Mais, ô puissant Roi! mettez votre épée à votre côté.

Environné de l'éclat de votre majesté, avancez-vous avec assurance et vous régnerez.

La vérité, la clémence et la justice éclateront dans vos actions, et votre bras fera des prodiges admirables.

Car la pointe de vos dards percera le cœur de vos ennemis, et rangera tous les peuples sous votre obéissance.

Mon Dieu, votre trône est éternel, et votre sceptre est un sceptre d'équité.

Vous avez toujours aimé la justice, et vous avez eu en horreur l'iniquité; c'est pourquoi Dieu vous a consacré d'une onction de joie pour régner sur tous les hommes.

La myrrhe, l'aloës et la casse font sortir une odeur agréable de vos vêtemens, que les filles des rois tirent de leurs cabinets d'ivoire pour vous faire honneur.

La reine se tient à votre droite vêtue d'une robe de fin or, enrichie de pierres précieuses.

Ecoutez, ma fille, ouvrez les yeux, soyez attentive aux conseils que je vous donne; oubliez votre peuple, et quittez la maison de votre père.

Le plus grand des rois désire posséder les perfections que vous avez; il est le Seigneur et le Dieu que tous les peuples sont tenus d'adorer.

Les filles de Tyr, et les peuples les plus

opulents viendront implorer votre crédit avec quantité de présents qu'ils vous feront.

Les plus grands ornemens de cette princesse ne paraissent point au-dehors; sa robe est en broderie d'or parsemée de couleurs et de fleurs tissues avec l'aiguille.

Les filles de sa suite, et celles qui sont plus près de sa personne, auront l'honneur de vous être présentées.

Elles paraîtront devant vous avec allégresse, et elles entreront dans le palais du Roi.

Au lieu de vos parents, vous aurez des enfants généreux, que vous établirez princes sur toute la terre.

Ils se souviendront toujours de vous, et laisseront à la postérité des marques de votre gloire et de votre excellence.

C'est pourquoi les peuples ne se lasseront jamais de vous louer dans la suite des siècles.

Gloire soit au Père, etc.

## Psaume 45.

Dieu est notre refuge et notre force; il nous a secourus dans les dangers et les afflictions qui nous environnent de toutes parts.

C'est pourquoi nous n'aurons aucune crainte, quand même la terre serait tout émue, et que les montagnes iraient au fond de la mer.

Quand même les eaux seraient agitées par des tempêtes extraordinaires, et que les montagnes se renverseraient.

Le cours délicieux d'un fleuve embellit la sainte cité; le Très-Haut l'a sanctifiée pour en faire sa demeure.

Le Seigneur étant au milieu d'elle, elle ne sera point ébranlée, car il lui donnera secours quand elle en aura besoin.

A la voix du Seigneur, les nations ont été épouvantées, les royaumes ont été ébranlés et la terre a été troublée.

Le Seigneur des armées est avec nous, le Dieu de Jacob est notre protecteur.

Venez donc, et considérez les ouvrages du Seigneur, qui fait de tels prodiges sur la terre qu'il fait cesser les guerres jusqu'aux extrémités du monde.

Il rompt les javelots, met les armes en pièces, et jette les boucliers au feu.

Arrêtez-vous ici, dit-il, et considérez que je suis Dieu; je ferai connaître ma puissance à tous les peuples de la terre, et je serai glorifié par tout le monde.

Le Seigneur des armées est avec nous ; le Dieu de Jacob nous est un refuge assuré.

Gloire soit au Père, etc.

## Psaume 86.

Les fondements de Jérusalem sont jetés sur les montagnes saintes : le Seigneur aime plus les portes de Sion, que les tabernacles de Jacob.

Cité de Dieu, on a raconté de vous des choses bien glorieuses.

Je me souviens de Rahab et de Babylone, qui ont connu mon nom.

Ceux qui habitent la Palestine, les Tyriens et les Ethiopiens y seront bien venus.

Et quelqu'un dira, parlant de Sion : un homme excellent est né dans cette cité, qui a été fondée par le Très-Haut.

Dans le dénombrement des peuples et des princes, le Seigneur fera mention de ceux qui y auront demeuré.

Que vous êtes une demeure agréable, sainte cité, puisque tous vos habitans sont remplis de joie !

Gloire soit au Père, etc.

## Psaume 95.

Chantez un cantique nouveau à la louange du Seigneur ; récitez les hymnes à sa gloire, vous peuples de la terre.

Chantez des airs en son honneur, bénissez son saint nom, annoncez aux nations le Sauveur qu'il doit envoyer.

Faites connaître à tous les peuples sa gloire infinie ; racontez-leur les merveilles de sa puissance.

Car le Seigneur est grand et digne d'un suprême honneur ; il est lui seul plus redoutable que tous les autres dieux.

Les dieux que les peuples adorent sont des démons ; mais notre Dieu a fait les cieux.

La gloire et la majesté l'environnent ; la sainteté et la magnificence sont les plus beaux ornements de son sanctuaire.

Peuples et nations, apportez au Seigneur la gloire et l'honneur dont il est digne : venez louer son saint nom.

Venez lui apporter vos offrandes dans son temple ; adorez le Seigneur dans son sanctuaire.

Que tout l'univers tremble devant sa face ; faites savoir aux peuples que le Seigneur tient les rênes du monde.

Car il a si bien assuré les fondements de la terre, qu'ils ne seront jamais ébranlés : il gouvernera et il jugera tous les peuples selon sa justice.

Que les cieux et la terre s'en réjouissent ; que la mer et tout ce qu'elle renferme en sentent des émotions d'allégresse ; que les champs et tout ce qu'ils contiennent soient transportés d'une joie pareille.

Et que tous les arbres qui sont dans les

forêts se réjouissent en la présence du Seigneur qui est venu au monde, parce qu'il est venu pour le gouverner.

Il régira tout le monde avec justice, et la rendra à tous les peuples selon l'infaillibilité de ses promesses.

Gloire soit au Père, etc.

### Psaume 96.

Le Seigneur gouverne le monde; que toute la terre s'en réjouisse, et que les îles de la mer soient aussi dans la joie.

Il y a des nuages et des ombres épaisses qui nous le cachent : toutefois son trône est fondé sur la justice et sur l'équité.

Il fera voler le feu devant lui, pour réduire en cendres ses ennemis qui l'environnent.

Il jettera tant d'éclairs dans le monde, qu'en étant ébloui, il tremblera de frayeur.

Les montagnes se fondront comme la cire, en la présence du Seigneur, à l'aspect du dominateur de l'univers.

Les cieux annonceront sa justice, et il n'y aura point de peuples qui ne voient les grandeurs de sa gloire.

Que tous ceux qui adorent les idoles, et qui y mettent leur confiance soient confondus et couverts de honte.

Anges du Seigneur, adorez-le : Sion a entendu sa voix et a été transportée d'allégresse.

Les filles de Juda ont témoigné leur joie en voyant que vos jugements sont équitables.

Parce que vous êtes le Très-Haut, qui exercez un empire absolu sur toute la terre, vous êtes élevé au-dessus de tous les dieux.

Vous donc qui aimez le Seigneur, ayez le mal en horreur : le Seigneur garde soigneusement les âmes qui lui sont consacrées et les délivre de la persécution des méchants.

La lumière se répand sur les justes, et la joie sur les cœurs des gens de bien.

Réjouissez-vous au Seigneur, vous tous qui êtes justes, et remerciez-le des bienfaits que vous en avez reçus.

Gloire soit etc.

## Psaume 97.

Chantez un cantique nouveau à la louange du Seigneur, car il a fait des choses admirables.

Il a établi le salut par sa puissance, et par la force de son saint bras.

Le Seigneur a fait paraître le Sauveur qu'il avait promis, et a signalé sa justice parmi les peuples.

Il n'a point perdu la mémoire de ses miséricordes, non plus que des promesses qu'il a faites à la maison d'Israël.

Tout le monde a vu le Sauveur que notre Dieu nous a envoyé.

Peuples de toute la terre, poussez des cris de joie; chantez à la gloire de Dieu les cantiques de réjouissance.

Faites des concerts avec des harpes et toutes sortes d'instruments; joignez vos voix à leur mélodie; faites sonner les trompettes et les clairons.

Faites connaître votre joie en présence du Seigneur, monarque de l'univers : que la mer et tout ce qu'elle renferme en sentent des émotions de joie; que toute la terre s'en réjouisse pareillement.

Que les fleuves applaudissent par le murmure de leurs eaux; que les montagnes montrent aussi des signes de joie, puisqu'il est venu juger la terre.

Il régira tout le monde avec justice, et les peuples selon l'équité.

Gloire soit au Père, etc.

### ABSOLUTION.

Que par les prières et par les mérites de la bienheureuse Marie, toujours vierge, et de tous les saints, le Seigneur nous conduise au royaume des cieux. Ainsi soit-il.

### LEÇON I.

J'ai cherché le repos partout, et je me suis retirée dans l'héritage du Seigneur, pour y faire ma demeure. Alors le Créateur du monde, celui même qui est l'auteur de mon être, s'est reposé dans mon tabernacle, et m'a adressé ces paroles : Habite en la maison de Jacob, et qu'Israël soit ton héritage, jetant des racines profondes entre mes élus. Mais vous, Seigneur, ayez pitié de nous.

Rendons grâces à Dieu.

### Leçon II.

Ainsi, j'ai fait mon séjour en Sion; je me suis pareillement reposée dans cette ville sainte, et j'ai établi ma puissance en Jérusalem. J'ai pris racine au milieu de ce peuple illustre que Dieu a choisi pour son héritage, et j'ai fixé ma demeure parmi les saints. Mais vous, Seigneur, ayez pitié de nous. Rendons grâces à Dieu.

### Leçon III.

J'ai été élevée comme le cèdre au Liban, et comme le cyprès en la montagne de Sion. J'ai été élevée comme les palmes de Cadès, ou comme les rosiers de Jéricho, comme les beaux oliviers de la campagne, et comme le peuplier planté sur le bord des eaux, le long des grands chemins. J'ai répandu une odeur comme de la cannelle et du baume aromatique, comme la myrrhe la plus agréable ; j'ai fait sentir la douceur de mes parfums.

Mais vous, Seigneur, ayez pitié de nous.

Rendons grâces à Dieu.

## HYMNE DE SAINT AMBROISE ET DE SAINT ANTOINE.

Nous vous louons, Dieu tout-puissant, nous confessons que vous êtes le Seigneur de tout l'univers.

Toute la terre vous révère comme le père éternel et l'auteur de toutes choses.

Tous les anges sont les fidèles exécuteurs de vos volontés ; les cieux et les puissances vous adorent et vous craignent.

Les chérubins et les séraphins chantent perpétuellement cet hymne en votre honneur.

Saint, saint, saint, est le Seigneur Dieu des armées.

Les cieux et la terre sont remplis de la grandeur de votre gloire.

Vous êtes exalté par la glorieuse compagnie des apôtres.

La vénérable multitude des prophètes récite des hymnes pour vous honorer.

L'innocente et nombreuse armée des martyrs célèbre vos louanges.

L'église sainte vous reconnaît pour son Dieu par toute la terre.

Le Père Éternel qui est d'une grandeur incompréhensible.

Le vrai et unique Fils engendré de la substance du Père.

Et le Saint-Esprit paraclet qui procède du père et du fils.

Vous, Christ, qui êtes le roi de gloire.

Vous qui êtes le fils éternel du père.

Vous qui, pour délivrer l'homme de la servitude, avez voulu vous faire homme, et n'avez point dédaigné le sein d'une vierge.

Vous qui, après avoir rompu l'aiguillon de la mort, avez ouvert aux croyants le royaume des cieux.

Vous qui êtes assis à la droite de Dieu en la gloire du Père.

Et qui devez venir un jour juger le monde;

Nous vous supplions de subvenir, par votre assistance, à vos serviteurs, que vous avez rachetés par votre précieux sang.

Faites, s'il vous plaît, qu'ils soient comptés dans la gloire du nombre de vos saints.

Sauvez votre peuple, Seigneur, et comblez de grandes bénédictions votre héritage.

Prenez le soin de nous conduire et ne vous lassez jamais de nous favoriser.

Nous chantons vos louanges tous les jours.

Nous louons sans cesse votre nom, et nous le louerons à jamais.

Préservez-nous, s'il vous plaît, Seigneur, de tomber cette journée en péché.

Ayez pitié de nous, Seigneur, ayez pitié de nous.

Et comme nous avons espéré en votre bonté, faites que nous sentions les effets de votre miséricorde.

En vous, Seigneur, j'ai mis mon espérance; je ne recevrai pas de confusion.

## CARACTÈRES D'ÉCRITURE.

*Majuscules d'Anglaise.*

*A B C D E F G H I J K L M N O P Q R S T U V X Y Z W.*

*Minuscules d'Anglaise.*

*a b c d e f g h i j k l m n o p q r s ſs t u v x y z &.*

*Majuscules de Gothique.*

𝔄 𝔅 ℭ 𝔇 𝔈 𝔉 𝔊 ℌ 𝔍 𝔍 𝔎 𝔏 𝔐 𝔑 𝔒 𝔓 𝔔 𝔕 𝔖 𝔗 𝔘 𝔙 𝔛 𝔜 𝔷 𝔚.

*Minuscules de Gothique.*

a b c d e f g g h i j k l m n o p q r s t u v x y z w.

## MAXIMES DE LA SAGESSE.

Craignez un Dieu vengeur et tout ce qui le blesse :
C'est là le premier pas qui mène à la sagesse.
Ne plaisantez jamais ni de Dieu, ni des Saints ;
Laissez ce vil plaisir aux jeunes libertins.
Que votre piété soit sincère et solide ;
Et qu'à tous vos discours la vérité préside.
Tenez votre parole inviolablement ;
Mais ne la donnez pas inconsidérément.
Soyez officieux, complaisant, doux, affable,
Poli, d'humeur égale, et vous serez aimable.
Du pauvre qui vous doit n'augmentez point les maux,
Payez à l'ouvrier le prix de ses travaux.
Bon père, bon époux, bon maître sans faiblesse,
Honorez vos parents, surtout dans leur vieillesse.
Du bien qu'on vous a fait soyez reconnaissant ;
Montrez-vous généreux, humain et bienfaisant.
Donnez de bonne grâce : une belle manière,
Ajoute un nouveau prix au présent qu'on veut faire.
Rappelez rarement un service rendu :
Le bienfait qu'on reproche est un bienfait perdu.
Ne publiez jamais les grâces que vous faites ;
Il faut les mettre au rang des affaires secrètes.
Prêtez avec plaisir, mais avec jugement.
S'il faut récompenser, faites-le dignement.
Au bonheur du prochain ne portez pas envie ;
N'allez point divulguer ce que l'on vous confie.
Sans être familier ayez un air aisé,
Ne décidez de rien qu'après l'avoir pesé.
A la religion soyez toujours fidèle,
Les mœurs et les vertus s'épurent avec elle.
Aimez le doux plaisir de faire des heureux
Et soulagez surtout le pauvre vertueux.

Soyez homme d'honneur, et ne trompez personne.
A tous ses ennemis un cœur noble pardonne.
Aimez à vous venger par beaucoup de bienfaits.
Parlez peu, pensez bien, et gardez vos secrets.
Ne vous informez pas des affaires des autres,
Sans air mystérieux, dissimulez les vôtres.
N'ayez point de fierté, ne vous louez jamais :
Soyez humble et modeste au milieu des succès.
Surmontez le chagrin où l'esprit s'abandonne :
Ne faites rejaillir vos peines sur personne.
Supportez les humeurs et les défauts d'autrui ;
Soyez des malheureux le plus solide appui.
Reprenez sans aigreur ; louez sans flatterie.
Ne méprisez personne ; entendez raillerie.
Fuyez les libertins, les fats et les pédans ;
Choisissez vos amis, voyez d'honnêtes gens.
Jamais ne parlez mal des personnes absentes :
Badinez prudemment les personnes présentes.
Consultez volontiers ; évitez les procès :
Où la discorde règne apportez-y la paix.
Avec les inconnus usez de défiance :
Avec vos amis même ayez de la prudence.
Point de folles amours, ni de vin, ni de jeux :
Ce sont là trois écueils en naufrages fameux.
Sobre pour le travail, le sommeil et la table,
Vous aurez l'esprit libre et la santé durable.
Jouez pour le plaisir, et perdez noblement.
Sans prodigalité dépensez prudemment.
Ne perdez point le temps en des choses frivoles :
Le sage est ménager du temps et des paroles.
Sachez à vos devoirs immoler vos plaisirs ;
Et pour vous rendre heureux modérez vos désirs.
Ne demandez à Dieu ni grandeur ni richesse ;
Mais pour vous gouverner demandez la sagesse.

## LA MÈRE ET L'ENFANT MALADE

### FABLE.

Fanfan était malade, il fallait le guérir ;
Mais c'était par malheur un petit volontaire
    Qui n'avait coutume de faire
    Que ce qui lui faisait plaisir ;
    Et le remède salutaire
Que pour chasser la fièvre on lui devait offrir
    N'était guère fait pour lui plaire.
    C'était une boisson amère ;
Et le drôle eût bien mieux aimé quelque bonbon.
    Aussi dès qu'il la vit paraître,
    Prévoyant bien ce qu'elle pouvait être
Il se mit à pleurer, puis il la rebuta,
Et de dépit enfin par terre il la jeta.
    Sa mère alors, sa tendre mère,
    Qui pleurait aussi, sentit bien
Qu'il fallait recourir à quelque heureuse adresse,
    Et voici quel fut le moyen
    Que lui suggéra sa tendresse.
De la boisson amère elle ne dit plus rien ;
Mais mettant à la fois plusieurs drogues en poudre,
Dans des œufs et du sucre elle les fait dissoudre,
Y joint de la farine, en fait un vrai biscuit.

Quand il est bien doré, bien cuit;
De son lutin elle s'approche,
Et feignant de tirer un bonbon de sa poche :
Tiens, dit-elle, mon bon ami:
Si tu n'as pas voulu prendre la médecine,
Tu prendras bien du moins ceci ;
C'est un biscuit : Tiens, vois comme il a bonne mine.
Aussitôt le petit madré,
Du coin de l'œil avec soin l'examine ;
Et voyant le dessus qu'on avait bien sucré :
Eh bien ! puisqu'il le faut, dit-il, je le prendrai :
Il le prit en effet sans nulle répugnance;
Il eut pendant trois jours la même complaisance ;
Et sans qu'il s'en doutât, en se purgeant ainsi,
Le malade dans peu se trouva rétabli.

Comme cette prudente mère,
Je voudrais vous guérir, enfants de vos défauts.
Les fables où je tâche et d'instruire et de plaire,
Sont comme les biscuits qu'elle crut devoir faire
Pour allécher son fils et pour guérir ses maux.

# TABLE
## Des chiffres Arabes et Romains.

| ARABE. | | ROMAIN. |
|---|---|---|
| 1 | Un | I. |
| 2 | Deux | II. |
| 3 | Trois | III. |
| 4 | Quatre | IV. |
| 5 | Cinq | V. |
| 6 | Six | VI. |
| 7 | Sept | VII. |
| 8 | Huit | VIII. |
| 9 | Neuf | IX. |
| 10 | Dix | X. |
| 11 | Onze | XI. |
| 12 | Douze | XII. |
| 13 | Treize | XIII |
| 14 | Quatorze | XIV. |
| 15 | Quinze | XV. |
| 16 | Seize | XVI. |
| 17 | Dix-sept | XVII. |
| 18 | Dix-huit | XVIII. |
| 19 | Dix-neuf | XIX. |

| | | |
|---|---|---|
| 20 | Vingt | XX. |
| 30 | Trente | XXX. |
| 40 | Quarante | XL. |
| 50 | Cinquante | L. |
| 60 | Soixante | LX. |
| 70 | Soixante-et-dix | LXX. |
| 80 | Quatre-vingts | LXXX. |
| 90 | Quatre-vingt-dix | XC. |
| 100 | Cent | C. |
| 110 | Cent dix | CX. |
| 120 | Cent vingt | CXX. |
| 130 | Cent trente | CXXX. |
| 140 | Cent quarante | CXL. |
| 150 | Cent cinquante | CL. |
| 160 | Cent soixante | CLX. |
| 170 | Cent soixante-et-dix | CLXX. |
| 180 | Cent quatre-vingts | CLXXX. |
| 190 | Cent quatre-vingt-dix | CXC. |
| 200 | Deux cents | CC. |
| 300 | Trois cents | CCC. |
| 400 | Quatre cents | CCCC *ou* CD. |
| 500 | Cinq cents | D. |
| 1000 | Mille | M *ou* CIƆ. |

**FIN.**

www.ingramcontent.com/pod-product-compliance
Lightning Source LLC
LaVergne TN
LVHW050617090426
835512LV00008B/1533